COLECCIÓN
PROSAS Y VERSOS DE JURISTAS

TÍTULOS PUBLICADOS

Versos sueltos, *Carlos Cibrán* (2006).

El ruido de las nueces, *Alfonso Villagómez* (2008).

Don Magín, profesor y mártir, *Juan Iglesias* (2008).

Poemas de otoño, *Carlos Cibrán* (2009).

Vocación del día que comienza, *Ignacio González del Rey Rodríguez* (2009).

Sistema de contingencias 1, *Francisco Alemán Páez* (2011).

Derecho civil en versos, *José Luis Codes Anguita / Guadalupe Codes Belda* (2011).

Versos de peregrina, *Lel Laffitte* (2011).

La nariz del manicomio (no se puede ser feliz en calcetines), *Francisco de P. Blasco Gascó* (2012).

Arma de doble filo (novela de togas), *Rafael Mir Jordano* (2012).

Vaivenes (versos y prosas), *Carlos Cibrán* (2013).

Fantasía de un verano irreal –relatos breves–, *Valentín Cortés Domínguez* (2013).

Sin noticias de Ivanhoe (El siglo XX en ocho relatos de Wilbour D. Slutter), *Wilbour D. Slutter* (2014).

Nikolai de Argos –novela histórica–, *Javier Arribas* (2014).

Caleidoscopio –versos–, *Carlos Cibrán* (2015).

De La Tierra Llana –coplas y cantares–, *Ricardo Calderón* (2015).

Narraciones americanas, *Jesús Ignacio Fernández Domingo* (2016)

Propiedad intelectual y también, poesía, *Antonio Castán* (2016).

Poesía completa, *Carlos Cibrán* (2017).

Cuentos, *Carlos Cibrán* (2018).

El Asunto Gozálvez, *Valentín Cortés Domínguez* (2019).

Narraciones americanas II, *Jesús Ignacio Fernández Domingo* (2020)

Albert Camus a la luz del Derecho de autor, *Antonio Castán Pérez-Gómez* (2024).

Tres liebres dobles, *Vicente Clemente* (2025).

PROSAS Y VERSOS DE JURISTAS

Colección dirigida por:

CARLOS ROGEL VIDE

Catedrático emérito de Derecho civil
Universidad Complutense de Madrid

TRES LIEBRES DOBLES

Vicente Clemente
Abogado

REUS
EDITORIAL
Madrid, 2025

© Vicente Clemente
© Editorial Reus, S. A., para la presente edición
C/ Aviador Zorita, 4, -2 B – 28020 Madrid
Tfno.: (34) 91 521 36 19 – (34) 91 522 30 54
Fax: (34) 91 445 11 26
reus@editorialreus.es
www.editorialreus.es
Diseño de portada: Lapor
1.ª edición REUS, S.A., 2025

ISBN: 978-84-290-2958-1
Depósito Legal: M-16898-2025

Impreso en España
Printed in Spain

Imprime: Ulzama Digital

A mi nieto Pepe

SINOPSIS

La obra transcurre en el interior de un tradicional *pub* inglés de nombre "The three double hares" ("Las tres liebres dobles"), en Hurst Green, un pequeño pueblo situado en el valle del río Ribble, al norte de Inglaterra. Época actual, año 1980. "Unidad de tiempo".

A la izquierda está la puerta de entrada, un perchero colgado en la pared, grande, y una ventana. En el foro hay otras dos ventanas; las tres dan a la calle. En medio de estas dos ventanas, una chimenea encendida, y sobre la misma, una repisa con una colección de jarras de cerveza y un rótulo con el nombre del establecimiento: "Las tres liebres dobles". Encima del rótulo, un reloj. A la derecha, la barra en forma de "L" paralela a la pared, y la puerta por la que se accede a los lavabos y al piso de arriba. A cada lado de la chimenea, un sillón, y entre ellos, una mesita redonda, baja. En la sala hay una mesa de madera rectangular con seis sillas y una redonda con cuatro. Las mesas estarán distribuidas de modo que no oculten la visión de las ventanas.

Los muebles y la barra del *pub* son de madera, y las paredes, hasta su mitad, también están forradas de madera. En la parte superior están decoradas con camisetas de rugby y motivos de caza.

La incidencia del alcohol en los personajes se indica en tercios. "Alcohol un tercio" supone una cierta desinhibición; "Alcohol dos tercios", confusión y envalentonamiento; y "Alcohol tres tercios", profunda borrachera.

ACTO PRIMERO

Interior del *pub*. En torno a las siete de la tarde. Durante el primer acto anochece. Presentación de los personajes y del sitio.

ACTO SEGUNDO

El mismo lugar dos horas después, alrededor de las nueve de la noche. Donde se desarrolla la euforia alcohólica que lleva a unas personas, aparentemente sensatas, a salir de caza furtiva.

ACTO TERCERO

El mismo sitio. Doce de la noche. La vuelta de la cacería es el triunfo, el punto más alto de la historia. El fin resulta abrupto, un claro contrapunto de lo anterior, donde se pone a los protagonistas con los pies en el suelo, en la realidad.

PERSONAJES

- ALBION MANS. Funcionario retirado del Servicio Exterior de Su Majestad. En la actualidad dueño de "Las tres liebres dobles".
- JAMES ALD. Funcionario del Tesoro de Su Majestad.

- LEWIS FOX. Granjero. Propietario de la Granja Fox.

- MEGAN LE BRETON. Esposa de Thomas Le Breton.

- MOLLY. Esposa de Sebastian.

- SEBASTIAN. Médico. Propietario de "Modest Manor".

- THOMAS LE BRETON. Financiero. Noble, Conde de Stirling, hijo de Sir Henry Le Breton, Duque de Ayr.

- POLICÍA 1.

- POLICÍA 2.

- Siete parroquianos.

ACTO PRIMERO

Interior de "Las tres liebres dobles". El reloj marca las siete y cuarto. La mesa redonda está ocupada por cuatro parroquianos que beben pintas de cerveza. Dentro de la barra, ALBION MANS, el tabernero, y acodado a la misma, en la parte más cercana al proscenio, LEWIS FOX, los dos tomando una pinta de cerveza. Atardece, aún entra algo de luz por las ventanas, que irá disminuyendo paulatinamente durante el acto. La iluminación del pub será tenue, aunque suficiente, con zonas en penumbra que propicien una atmósfera de cierto misterio.

JAMES

(Entrando por la puerta desde la calle, cuelga el chaquetón en el perchero, saluda con un gesto a los de la mesa) Buenas tardes.

PARROQUIANO 1

(Casi a la vez, los cuatro) Hola James.

PARROQUIANO 2

¿Que tal?

PARROQUIANO 3

¿Cómo va eso?

PARROQUIANO 4

Dichosos los ojos...

JAMES

(Se dirige a la barra) Lewis, Albion *(les estrecha la mano)*.

LEWIS

Pero si es James Ald en persona.

JAMES

Cuanto tiempo, ¿cómo estáis?

LEWIS

Muy bien. Sí, mucho tiempo, eres caro de ver...

ALBION

Bien, como siempre.

JAMES

Me alegro. *(Poniendo cara de circunstancias)* Es verdad que llevamos tiempo sin venir, Hurst Green no está cerca, yendo bien las cosas se tardan más de cuatro horas en coche desde Londres hasta aquí. Eso si no te coge un atasco al salir o al entrar, porque entonces olvídate...

LEWIS

Si, pero Hurst Green ha estado siempre a la misma distancia de Londres, y antes veníais más a menudo.

JAMES

Es que los niños crecen, empiezan a tener voz, voto y vida propia. Cada día que pasa es todo un poco más difícil que el día anterior, más complicado..., es así. *(Hace una pausa, mira primero a ALBION, luego a LEWIS, mueve la cabeza y continúa)* Pero de qué os estoy hablando yo a vosotros dos, solteros, sin hijos, sin compromisos... Os debe sonar a música celestial. *(Señalándose)* ¿Qué vais a entender de los problemas de un esposo fiel, amen de padre ejemplar? Eso no es cosa vuestra. Anda, anda, Albion, ponme una pinta, haz el favor. Lewis, ¿tú quieres otra?

LEWIS

(Apurando de un trago la que estaba bebiendo. Muy serio) Que si quieres se les dice a los muertos...

JAMES

Pues ya lo has oído Albion, que sean dos.

ALBION

Marchando tres pintas de buena "bitter".

JAMES

Albion, solo he pedido dos.

ALBION

Y yo qué, ¿no soy de Dios?

JAMES

(Cara de circunstancias) Que sean tres. ¿Alguna novedad?

ALBION

Poca cosa, aquí casi nunca pasa nada. Bueno, anteayer enterramos a Laura Smith.

JAMES

¿Laura Smith…?

ALBION

(*Sirviendo las cervezas*) Sí hombre, la mujer de Percival Smith, los de la granja Longman, que tenían un par de habitaciones para alquilar a los turistas.

JAMES

Pero esa mujer no era tan mayor.

LEWIS

Ya tenía sus años. La enterramos en el cementerio viejo.

JAMES

Pobre Percival, creo que estaban muy unidos.

ALBION

Ha puesto en venta la granja. Se quiere ir a vivir a Lancaster con su hijo Peter, el que es funcionario de correos, del *Royal Mail*. Lewis está pensando en comprarle algunas ovejas.

LEWIS

Si, pero más por hacerle un favor al viejo Percival, que porque yo las necesite. Aquí somos cuatro gatos, dejados de la mano de Dios y del gobierno de

Su Majestad, y tenemos que ayudarnos los unos a los otros.

JAMES

(*A LEWIS*) Claro, claro. Y hablando de ovejas, dime, ¿cómo se te han dado los corderos este año?

LEWIS

Pse, como todos los años. Ni mejor ni peor. Ahora, que estos son más fáciles que tus hijos, aunque crecen no tienen ni voz, ni voto, y van por donde se les dice (*risas de los tres*).

ALBION

No le hagas mucho caso, el señor Fox nunca acaba de estar contento del todo. Ya le conoces, siempre protestando. La otra tarde salí a dar una vuelta con la escopeta, al volver pasé por su granja, y creo que no he visto más corderos en mi vida…

JAMES

¿Mataste alguna liebre?

ALBION

Ninguna, no vi ninguna. Ni liebres ni nada. Ahora hay mucho cazador, se ha puesto de moda lo de salir con una escopeta al campo, y yo creo que las han esquilmado. Cualquier día nos enteramos que las liebres están en peligro de extinción, o a lo mejor ya extinguidas del todo.

LEWIS

¡Y aunque hubieras visto cuarenta! Como va a traer este alguna liebre, si no es capaz ni de acertarle a un caballo a tres metros. ¡Quiá! Todas las liebres que cace el señor Mans me atrevo a comérmelas yo solo de una sentada.

ALBION

Oye que ayer…

LEWIS

Si las proteínas de mi dieta dependieran de lo que cazara este insurrecto, seguro que adelgazaba.

ALBION se acerca al otro extremo de la barra para atender a uno de los cuatro parroquianos de la mesa redonda. Les sirve una ronda de pintas.

JAMES

Tenía yo entendido que Albion era buen cazador.

LEWIS

Y lo es. Ayer mismo me regaló una perdiz.

JAMES

Entonces, lo que has dicho…

LEWIS

(Riéndose) Si, solo para hacerle rabiar. ¿Y tú qué?, ¿sigues cuidando de los impuestos de Su Graciosa Majestad?

Vuelve ALBION.

JAMES

Ahí estoy, y que no falte. Me han cambiado de sitio, no del todo porque sigo en el mismo edificio, pero desde hace tres meses estoy en la sección del IVA, el Impuesto sobre el Valor Añadido.

LEWIS

(*Irónico*) Ese sí que un impuesto bueno.

ALBION

¡Qué sabrás tú de impuestos!

LEWIS

Más que tú. Atiende que te lo voy a explicar, a ver si aprendes algo. El Impuesto sobre el Valor Añadido funciona así: se coge una libra esterlina y se le añade otra libra. Ya van dos, ¿verdad?

ALBION

Sí.

LEWIS

Luego se le añade otra, y otra, y así cuando hay un buen montón añadido, llega James y ¡zas!, se lo lleva todo de una vez a las arcas del Tesoro de Su Graciosa Majestad y los contribuyentes ya no las vuelven a ver.

ALBION

(*Algo molesto*) Tú sí que eres gracioso de verdad. Vamos, mucho más gracioso que Su Majestad.

JAMES

No es mala la explicación...

ALBION

(Con admiración) Si es que no hay nada mejor que trabajar para el Estado.

LEWIS

A ti te lo van a decir, pájaro *(frotando los dedos pulgar e índice, en un gesto de dinero)*. Tú sí que entiendes bien el IVA. Retirado a los sesenta y con este *pub* comprado al peso de todas las buenas rupias, añadidas una tras otra, que te trajiste de Bombay. ¿Es que en la India también había Impuesto sobre el Valor Añadido?

ALBION

¡Qué sabrás tú! Para el servicio exterior hay que valer. Qué crees, ¿qué admiten a cualquiera?

LEWIS

Siempre con la misma murga. Cállate, insurrecto, que eres un insurrecto.

ALBION

Oye, sin faltar. Me he pasado media vida en las colonias, al otro lado del mundo. ¡Cuánto echaba de menos este valle!

JAMES

Veo que por aquí todo sigue igual, y que vosotros dos os seguís llevando tan bien como siempre.

Continúan la conversación en un tono no audible. Por la

puerta de la calle entran MOLLY, MEGAN, THOMAS y SEBASTIAN.

MOLLY Y SEBASTIAN

Buenas tardes.

ALBION

(Casi al unísono) Buenas tardes.

JAMES

¿Qué hay?

LEWIS

Buenas tardes.

Cuelgan los abrigos en el perchero, llegan sofocados y se sientan con alivio en la mesa rectangular.

MEGAN

(Dejándose caer en la silla) Aquí estamos... ¡por fin!

SEBASTIAN

(Dándole una amistosa palmada en la espalda a THOMAS) Al cabo hemos logrado llegar de día.

MOLLY

Sí, por los pelos, ya está empezando a anochecer.

MEGAN

Menos mal que ha dejado de llover, estaba muy preocupada por los niños. Thomas, pensaba que tendrías que acabar trayendo en brazos al pequeño Albert.

THOMAS

Se han portado todos muy bien. Han venido andando estupendamente, Albert tan bien como los otros.

MEGAN

Sí, muy bien.

Entra un parroquiano en el pub, pide una pinta de cerveza en la barra y se sienta con los otros cuatro en la mesa redonda.

THOMAS

Mira que pinchar una rueda. Las ruedas ya no se pinchan. Es la primera vez en toda mi vida que se me pincha una rueda, y me tiene que ocurrir hoy y aquí, *(enfadado)* precisamente hoy y aquí. ¡Qué inoportuno!

MEGAN

Hubieras debido revisar los neumáticos.

THOMAS

Pero cariño, si son nuevos, los cambié no hace ni quince días. Además, un Range Rover es un vehículo todo terreno, y los vehículos todo terreno llevan neumáticos para andar por caminos, sin que se pinchen a la primera de cambio.

SEBASTIAN

No le deis más vueltas, estas cosas pasan cuando uno menos lo espera y ya está. La suerte es que hemos pinchado cuando solo estábamos a dos millas de casa, media hora andando nada más. Lo importante es que hemos llegado sin ninguna complicación, y ya que estamos aquí, ¿qué queréis tomar?

MEGAN

Un vaso de soda, no mejor de agua. Estoy sedienta.

MOLLY

Yo también agua.

THOMAS

Para mí una pinta de cerveza.

SEBASTIAN

Yo tomaré otra pinta. *(Se levanta, se acerca a la barra, y saluda brevemente a JAMES y LEWIS)* Albion, cuando tú puedas, dos vasos de agua y dos pintas de cerveza, por favor.

ALBION

Ahora mismo. El agua, ¿con hielo?

SEBASTIAN

No, sin hielo, del tiempo. Muchas gracias. ¿Qué tal James?

JAMES

Muy bien. Mucho tiempo sin vernos.

SEBASTIAN

Es que vienes muy poco.

LEWIS

Sí, de eso estábamos hablando.

SEBASTIAN

(A LEWIS) ¿Te fue bien con las pastillas que te receté para la garganta?

LEWIS

Las pastillas, mano de santo.

SEBASTIAN

Ahora nos vemos.

Paga, lleva las bebidas a la mesa, tiene que hacer dos viajes, y se sienta de nuevo.

THOMAS

Lo que ha sido una faena es no haber podido cambiar la rueda, porque el gato se hundía en el terreno.

SEBASTIAN

Con todo lo que ha llovido estos últimos días la tierra está muy húmeda. Al no tener un apoyo firme, el gato no lograba levantar el coche. Al contrario, en vez de levantar el coche, el peso del coche hacía que fuera el gato el que se hundía en el suelo.

Lewis y James salen hacia los servicios.

MOLLY

(Terminando de beber el vaso de agua) Siento escalofríos, de la caminata estoy, no se…, destemplada. Me voy a sentar allí, cerca de la chimenea, a ver si logro entrar en calor.

MEGAN

Voy contigo.

Se levantan y se acercan a la chimenea, permanecen un momento de pié delante de la misma, extendiendo las manos a la lumbre y luego se sientan en los dos sillones, que están en una cierta penumbra. THOMAS y SE-BASTIAN se quedan sentados en la mesa rectangular, charlando y bebiendo sus pintas.

MOLLY

Cuanto siento lo del pinchazo, nos ha fastidiado la tarde, lo estábamos pasando tan bien…

MEGAN

No te preocupes, porque lo vamos a seguir pasando igual de bien.

MOLLY

Sí, tienes razón, ya estamos en casa. Me aterrorizaba que se nos hiciera de noche antes de llegar…, por los niños.

MEGAN

¿Por los niños?

MOLLY

(Avergonzada) Sí, por los niños.
El Parroquiano 3 se levanta de la mesa redonda y sale del pub.

MEGAN

¿Qué te pasa Molly? Tú nunca has sido miedosa.

MOLLY

Y no lo soy. Sebastian dice que exagero, pero *(con énfasis)* aquí no me gusta estar en el campo cuando cae la noche.

MEGAN

¿Por qué?

MOLLY

¡Qué sé yo! Por nada de particular, por las cosas que dicen…

MEGAN

Me lo quieres contar ya de una vez.

MOLLY

Verás, la gente de la zona es muy supersticiosa, hacen caso a todo tipo de habladurías.

MEGAN

Eso no es raro, pasa en muchos sitios.

Lewis y James regresan de los servicios y se instalan de nuevo en la barra.

MOLLY

Es verdad, no, no es raro. A lo mejor solo son aprensiones mías, pero ahora no me gusta la zona. Cuando Sebastian heredó esta casa, "Modest Manor", hacía poco tiempo que nos conocíamos. La primera vez que vine aquí con él, me gustó mucho. Lo pasábamos muy bien, dábamos paseos por el campo, por la orilla del río.

MEGAN

¿Y...?

MOLLY

Es una tontería. Fue hace tres años. Vinimos a pasar unos días en invierno, sin los niños, salimos a dar un paseo por el campo, no medimos bien el tiempo y se nos hizo de noche. Llovía, pero no nos importaba, llevábamos impermeables largos y botas Wellington. La luna estaba en menguante, pero la ocultaban en su totalidad las nubes. No se veía nada. Sebastian conoce muy bien los contornos y me llevaba de la mano.

MEGAN

(Impostando la voz) Estas logrando asustarme.

MOLLY

Al pasar delante del cementerio viejo, el que está dentro del recinto de Stonyhurst, el colegio de los Jesuitas, la luna se asomó un momento por entre las nubes iluminando las tumbas. Brillaban las lápidas encharcadas de agua, reflejando la mortecina luz. En ese momento creí oír un aullido.

MEGAN

(Interesada) ¿Un aullido?

MOLLY

Sí, un aullido. Pensé que sería mi imaginación, el ruido del viento, ¡qué sé yo! Me dio miedo, el corazón comenzó a funcionar a pleno rendimiento, latía más y más de prisa, tratando de bombear sangre a mi aterrorizado cerebro. Traté de apartarlo de mi mente, me acerqué a Sebastian, le cogí del brazo muy fuerte, y entonces lo pude oír de nuevo con toda claridad.

Entra en el pub una pareja de jóvenes, chico y chica, piden una pinta y un zumo de naranja y se quedan en la barra.

MEGAN

¿Qué?

MOLLY

Lo mismo, un aullido de un lobo, o de un perro. Por aquí no hay lobos, así que tendría que ser un perro.

MEGAN

¿Estás segura?

MOLLY

Completamente. Estaba muerta de miedo. Cuando llegamos al pueblo pasamos por delante del *pub* y Sebastian me propuso entrar a tomar un licor antes de ir a casa. Ni que decir tiene que acepté de inmediato.

MEGAN

Lo entiendo.

MOLLY

Nos sentamos en esta misma mesa. ¡Se estaba tan bien al calor de la lumbre! Sebastian pidió dos copas de brandy, y mientras las bebíamos a pequeños sorbos me contó que Arthur Conan Doyle, ya sabes, el creador de Sherlock Holmes, había sido antiguo alumno del colegio de los Jesuitas, y que se inspiró en estos páramos y en el propio edifico del colegio para escribir…, "El sabueso de los Baskerville".

MEGAN

Qué oportuno.

MOLLY

Me dejó sin palabras. Fíjate, Conan Doyle se inspiró en este mismo lugar para su novela sobre el perro de los Baskerville, y yo acababa de oír el aullido de un perro.

MEGAN

No sería más que una casualidad. Los alrededores del pueblo están plagados de granjas. Aullaría el perro de algún granjero.

MOLLY

Esta tarde, cuando hemos pasado por delante, ¿te has fijado en las dos pequeñas torres que coronan la fachada principal del colegio?

MEGAN

Sí.

MOLLY

Pues son las mismas dos torres que rematan el palacio de los Baskerville, según lo describe Conan Doyle en su obra.

MEGAN

¿Y eso es todo?

MOLLY

Algunos lugareños dicen haber visto un perrazo negro, muy grande, entre la niebla, rondando por los páramos.

MEGAN

Habladurías… Entre la niebla uno puede ver cualquier cosa.

MOLLY

Sí, serán habladurías, pero las cuenta mucha gente, y Lewis Fox, ese hombre que está en la barra *(señalándole discretamente)*, además asegura que uno que el conoce, ha visto…

MEGAN

¿Qué?

MOLLY se acerca a MEGAN y le cuchichea algo al oído. MEGAN pone cara de asombro, se ríen las dos y continúan hablando.

THOMAS

(Dando el último trago a la pinta de cerveza) Me ha sabido a gloria, llegaba seco del paseo. Voy a pedir otras dos.

SEBASTIAN

(Levantándose) De ninguna manera. Estás en mi casa y eres mi invitado. Tus deseos son órdenes, así que ni se te ocurra moverte. Pido yo.

THOMAS

¿Otra vez?

SEBASTIAN

Todas las que hagan falta. ¿Otra de lo mismo?

THOMAS

Sí, de lo mismo. Bueno, no, mejor que sea media pinta, *(hace un gesto)* la noche está empezando...

SEBASTIAN

Dos medias pintas. En un momento...

Se acerca a la barra con los dos vasos vacíos, le indica a ALBION que ponga dos medias pintas más de cerveza, deja unas monedas y vuelve a la mesa.

MOLLY

Seguro que tienes razón. Es una tontería. El subconsciente que se deja impresionar más de lo que debiera.

MEGAN

Pues claro, ¿qué iba a ser si no?

MOLLY

Me voy a casa, no me gusta dejar a los niños solos mucho tiempo. Además tengo que terminar de coser un disfraz que le estoy haciendo a Mark para la fiesta de fin de curso del colegio. ¿Me acompañas?

MEGAN

(Levantándose) Claro que sí. ¿De qué es el disfraz?

MOLLY

(A THOMAS y SEBASTIAN) Nos vamos a casa. Os esperamos para cenar, así que no tardéis mucho. *(Saluda con la mano a los de la barra)* Buenas tardes.

ALBION

Buenas tardes.

JAMES

Molly...

LEWIS

Hasta luego.

MOLLY

(Se dirige con MEGAN hacia la puerta) Es una tontería, el disfraz, ahora te lo enseño. Se me ocurrió por lo que te he dicho que me contó ese hombre, es de... *(Salen, se escuchan sus risas desde la calle).*
SEBASTIAN y THOMAS se levantan de la mesa y se acercan a la barra con sus dos medias pintas.

SEBASTIAN

James, Lewis, Albion. Quiero presentaros a mi amigo Thomas Le Breton. Está pasando el fin de semana en casa, con su mujer Megan, la señora que acaba de salir con Molly, sus tres hijos y el perro.
Los cuatro se saludan dándose la mano.

LEWIS

Mucho gusto.

JAMES

Encantado.

ALBION

A su disposición.

THOMAS

Señores, el gusto es mío.

ALBION

¿Es usted de Londres? ¿Qué le parece este paraje, le gusta?

THOMAS

Mucho, es muy bonito, el campo del norte de Inglaterra es el verdadero campo inglés. Le agradezco a Sebastian que haya tenido la gentileza de invitarnos a pasar el fin de semana en "Modest Manor". Hemos dado una vuelta en mi coche por los alrededores, lo estábamos pasando muy bien. Si no hubiera sido por ese inoportuno pinchazo.

La pareja joven de la barra termina las consumiciones y sale del pub.

LEWIS

Ya les hemos oído. ¿Dónde ha sido?

SEBASTIAN

En el camino del vado, muy cerca del río Ribble, escasamente a una milla de tu granja. Al volver hemos pasado por delante, han salido dos perros…

LEWIS

(Interrumpiéndole) No os habrán hecho nada.

SEBASTIAN

Nos ladraban, pero en cuanto me han conocido se han acercado moviendo el rabo.

THOMAS

Ah, entonces usted Lewis, es el propietario de la granja Fox.

LEWIS

Sí señor, Lewis Fox, para lo que necesite.

THOMAS

Muy amable.

LEWIS

Su apellido, señor Le Breton, me resulta conocido… *(Se queda pensativo un instante)* Ya lo recuerdo. Hace unos treinta años, en el ejército, tuve el honor de servir bajo las órdenes del Teniente Coronel Le Breton, un caballero escocés. ¿Acaso serán ustedes familia…?

THOMAS

(Solemne) Más que eso, Sir Henry Le Breton es mi padre.

LEWIS

Se dan ustedes un aire.

THOMAS

Le agradezco el comentario.

ALBION

(Con admiración) Entonces usted es noble.

THOMAS

De los pies a la cabeza *(se ríe)*.

SEBASTIAN

Thomas, yo...

THOMAS

Por favor Sebastian. *(Se dirige a LEWIS)* Resulta que aquí, mi anfitrión, no me ha acabado de presentar del todo, y no le culpo, porque en el campo y entre amigos sobran los títulos. Sin embargo, caballero, ya que conoció usted a mi padre, he de decirle los míos. Soy Thomas Le Breton, Conde de Stirling, hijo de Sir Henry Le Breton, Caballero del Imperio Británico, undécimo Duque de Ayr, y General del Ejército de Su Majestad, retirado con honores.

ALBION

¡Un noble en mi *pub*! Señor Le Breton...

THOMAS

Ya le he dicho que entre amigos sobran los títulos. Sólo Thomas.

ALBION

Como quiera. Thomas, es para mí un honor su presencia en el pueblo, y particularmente en "Las tres liebres dobles". Y para celebrarlo, me van a permitir invitar a todos a una ronda.

SEBASTIAN

No sé Thomas. Nos esperan en casa para cenar…

THOMAS

Sería descortés rechazarla.

JAMES

Nadie ha rechazado jamás una invitación del viejo Albión, porque, que se sepa, hasta la fecha nunca se había producido esa circunstancia.

LEWIS

Por lo menos, ni los mayores del lugar la recuerdan.
ALBION sirve cinco pintas de cerveza.

ALBION

Brindo por este encuentro, por Thomas, y por su señor padre… Salud amigos.

TODOS

Salud *(Largo trago a las pintas).*
"ALCOHOL UN TERCIO"

LEWIS

(A ALBION) Hay algunas veces, pocas, en las que no pareces un insurrecto.

JAMES

¿Qué habéis hecho con el coche?

SEBASTIAN

Lo hemos dejado apartado a un lado del camino. Mañana, a primera hora, iremos a buscarlo, le cambiaremos la rueda y lo traeremos aquí.

JAMES

¿Habéis vuelto andando?

THOMAS

(*Asintiendo con la cabeza*) ¿Qué podíamos hacer? Íbamos con los niños y no queríamos que se nos hiciera de noche.

LEWIS

¿Van a dejar allí el coche toda la noche?

THOMAS

No tenemos alternativa. Además, donde está no molesta a nadie. Dormirá al raso, ¿qué le va a pasar?

ALBION

Cualquier cosa. Por aquí a veces pasan cosas raras. No, no está bien dejar el coche allí solo toda la noche.

THOMAS

¿Qué cosas? ¿Ladrones?

ALBION

(*Misterioso*) Quien lo sabe. Puede que sean ladrones y puede que no lo sean.

THOMAS

(Cara de circunstancias) Ah.

LEWIS

(Negando con la cabeza) No, no está bien dejar el coche ahí toda la noche.

SEBASTIAN

Venga Lewis. No me digas que tú también das pábulo a esas historias.

LEWIS

Ni lo doy, ni lo dejo de dar.

THOMAS

¿Qué historias? Alguien querría explicarme de qué estáis hablando.

ALBION

Yo se lo explicaré, pero en otro momento. Ahora tienen que ir a por el coche. Deben darse mucha prisa, no les quedan más de veinte minutos de luz.

THOMAS

(Incrédulo) Lo que ustedes digan.

LEWIS

Sí, es lo más sensato. Sebastian, ¿arrancará tu viejo Land Rover?

SEBASTIAN

Perfectamente. Lo he puesto en marcha esta mañana.

LEWIS

Entonces podríamos ir en él, no tardaríamos ni diez minutos hasta donde habéis dejado el coche de Thomas. En mi granja tengo tablones de madera, gruesos, puedo coger uno para apoyar el gato.

THOMAS

¿Apoyar el gato?

LEWIS

Sí hombre, para impedir que se hunda en la tierra húmeda. Es una cuestión física, libras de peso por pulgada cuadrada. El peso del coche será el mismo, claro, pero si aumentamos la superficie en la que se apoya ese peso, y para eso es el tablón, conseguiremos que el gato no se hunda en la tierra. ¿Le ha pisado alguna vez una mujer con un zapato de tacón fino?

THOMAS

No.

LEWIS

Me alegro, porque duele mucho.

THOMAS

¿Y...?

LEWIS

Nada, es el mismo principio físico.

JAMES

Se nos hará de noche, yo puedo llevar una linterna grande que tengo en el coche.

SEBASTIAN

Además, podemos alumbrarnos con los faros del Land Rover.

LEWIS

Vamos, aprovechemos la poca luz que queda.

ALBION

Os acompañaría, pero no puedo dejar el *pub*.

JAMES

No es necesario, somos cuatro. Estaremos de vuelta en un momento, tú espéranos, no se te ocurra cerrar, habrá que tomar una pinta para celebrarlo.

THOMAS

Desde luego que sí, y otra antes de salir. Albion, por favor, una ronda para todos.

ALBION

(Sirviéndola) Ya la tenía preparada.

Apuran las pintas de un par de tragos, dejan los vasos en la barra, recogen los abrigos del perchero, se los ponen y salen a la calle. ALBION permanece tras la barra, pensativo, colocando unas botellas, sale a recoger unos vasos de la mesa, mira hacia el frente.

ALBION

Quiera Dios que no les pase nada.

TELÓN

ACTO SEGUNDO

*Interior de "Las tres liebres dobles". Quedan dos parro-
quianos en la mesa redonda y ALBION tras la barra. El
reloj ahora marca las nueve.*

*JAMES, LEWIS, THOMAS y SEBASTIAN entran de
nuevo al pub por la puerta de la calle. Se despojan de
sus abrigos y chaquetones, los cuelgan en el perchero
de la pared, y se acercan a la barra. Los cuatro vuelven
eufóricos.*

JAMES

(Se dirige a ALBION) Ya estamos aquí, ves lo poco
que hemos tardado.

ALBION

Será que se os ha dado bien...

LEWIS

(Interrumpiéndole) Muy bien, pero menos cháchara
y pon cuatro pintas, que venimos secos. *(Le mira a
la cara)* De acuerdo, que sean cinco. Cobra de aquí
(deja un billete sobre la barra).

THOMAS

(Cogiéndole del brazo) De ninguna manera. Lewis por favor, no puedo permitirlo. Han sido ustedes tan amables conmigo… Déjeme que sea yo quien invite a estas pintas…, es lo menos que puedo hacer.

LEWIS

(Cogiendo el billete de la barra y guardándolo en el bolsillo) Como usted quiera, Thomas. En toda mi vida he discutido con nadie por pagar…, ni por no pagar.

THOMAS

Ni yo tampoco. *(Se ríen los dos. Alza la pinta)* Salud.

LEWIS, ALBION, JAMES, SEBASTIAN

(Alzándolas a su vez) Salud.

Trago largo de todos a sus pintas, que quedan mediadas.

ALBION

Entonces, habéis traído el coche…

LEWIS

¿A qué hemos ido?, ¿y no estamos aquí?, pues entonces lo habremos traído, porque si no lo hubiéramos traído, no estaríamos aquí. Será insurrecto…

ALBION

(Dando un manotazo en la barra, dirigiéndose a LEWIS enfadado) ¡Mira, ya está bien! El día menos pensado se me va a acabar la paciencia, se me van a inflar las narices *(muy despacio)* y no entras. Te vas a tener que ir a tomar las cervezas donde yo te diga, te

vas a tomar las pintas..., por donde amargan los pepinos.

LEWIS

Bueno hombre, tampoco es para ponerse así.

ALBION

Yo me pongo como quiero..., y como me vuelvas a llamar insurrecto, te enteras.

JAMES

(A LEWIS y ALBION) Por favor, dejarlo ya. Siempre tenéis que estar discutiendo. Es que llega un momento que no apetece..., que estar con vosotros dos..., se empieza a soportar mal.

ALBION

Dejarlo o matarlo, una de dos. A ver quien es el guapo que no discute con el señor Fox...

JAMES

(De nuevo a ALBION, muy contento) Lo del coche ha sido cosa de coser y cantar. Lo hemos solucionado todo en un momento, cuando nos hemos querido dar cuenta, habíamos cambiado la rueda y estábamos de vuelta en el pueblo. Hemos dejado los dos aparcados en la plaza, el Range Rover de Thomas y el Land Rover de Sebastian.

SEBASTIAN

Sí, porque si los hubiéramos llevado a "Modest Manor", de ahí no nos hubieran dejado salir. *(Di-*

rigiéndose a THOMAS) Por lo menos a ti y a mí *(Risas de todos).*

THOMAS

(Se aclara la garganta, formal) Señores. Quiero sinceramente agradecerles el trato que he recibido de ustedes, todas las atenciones que ustedes me han dispensado.

LEWIS

No tiene porqué. Usted ha venido a este pueblo con nuestro Sebastian, con uno de aquí, así que para nosotros, usted es como si fuera de aquí. *(Dándose unas palmadas con la mano abierta en el corazón)* Y los de aquí nos ayudamos siempre, en todo lo que cada uno pueda necesitar, aunque de vez en cuando discutamos. *(A ALBION, tendiéndole la mano)* ¿Amigos, señor Mans?

ALBION

(Estrechándole la mano) Amigos, señor Fox.

THOMAS

Será por eso o por lo que ustedes quieran *(apurando la pinta)*, yo se lo agradezco igual. Así que, por lo menos, hagan el favor de apearme el tratamiento. ¿Les parece que en adelante nos llamemos de "tu"? *(todos asienten con la cabeza)*. Esta noche, aquí, en este recóndito lugar, ha triunfado la amistad, el esfuerzo colectivo, en definitiva han triunfado... los valores que han hecho grande a este pueblo.

ALBION

¿A Hurst Green?

THOMAS

No hombre, no. Me refiero al pueblo inglés.

ALBION

Perdóname, Thomas, pero no te sigo.

THOMAS

Está muy claro, cuatro personas vinculadas en la consecución de un mismo fin. ¿Por qué se ha cambiado la rueda del coche y se ha traído aquí de vuelta en un momento?

ALBION

Porque… habéis ido a buscarlo.

THOMAS

No. Ha sido porque en esa tarea han incidido, mejor diría han coincidido, los esfuerzos de cuatro personas. Lo ocurrido aquí esta noche pudiera ser utilizado, debiera ser utilizado, como ejemplo en las escuelas públicas y privadas de este país, para explicar a la juventud la esencia de nuestra raza. Desde esta atalaya resulta fácil comprender la génesis del imperio británico y su imparable expansión por el mundo a lo largo de los siglos pasados.

LEWIS

¡Viva el imperio británico!

ALBION

¡Dios salve a nuestra graciosa Reina!

LEWIS

¡Larga vida a nuestra noble Reina!

JAMES

¡Dios salve a la Reina!

SEBASTIAN

¡Venga ella victoriosa, feliz y gloriosa, a reinar largamente sobre nosotros!

THOMAS

¡Dios salve a la Reina!

Respetuoso silencio de los cinco, que aprovechan para dar un par de profundos tragos a las recién servidas pintas, de modo que quedan estas mediadas de nuevo.
"ALCOHOL UN TERCIO"

LEWIS

Estas cosas, cuando salen del corazón…

THOMAS

Albion, desde que llegué al *pub* tengo ganas de preguntártelo. ¿De donde viene el nombre de "Las tres liebres dobles"?, ¿por qué se llama así?

ALBION

Me gusta el nombre, ya lo tenía cuando lo compré y decidí no cambiarlo. El *pub* lo abrieron a principios del siglo. Parece ser que entonces había mucha caza por estos andurriales, no como ahora, que no hay ni caza ni nada. Era raro salir con la escopeta al campo y volver con menos de tres liebres en el morral.

THOMAS

Eso explica la primera parte, lo de las tres liebres, pero ¿y lo de dobles?

LEWIS

Porque al volver de caza la gente tenía la costumbre de entrar a refrescarse el gaznate tomando un par de pintas. Entrar, entraban con tres liebres, pero al salir, si no tenían cuidado, y la mayoría de las veces no lo tenían, salían con seis *(risas de todos, excepto THOMAS)*. ¿Lo has entendido? Liebres dobles, entrar con tres, *(hace un gesto con la mano de llevarse un vaso a la boca repetidas veces)* las pintas y salir con seis...

THOMAS

(Confuso) Sí, muy... ocurrente.

Entran MOLLY y MEGAN por la puerta de la calle. Silencio.

MOLLY

Buenas noches. Así que seguíais aquí, no os habéis movido de este lugar en todo el tiempo. *(A SEBASTIAN)* Conozco yo a una pareja de caraduras y a sus amigotes. ¿Sabrás tú a quien me refiero?

Todos hacen algún gesto de saludo a MOLLY y a MEGAN.

MEGAN

(A THOMAS) ¿Han cenado ya los señores?

SEBASTIAN

Yo...

THOMAS

(Al rescate) Les presento a mi esposa, Megan Le Breton.

LEWIS

Tanto gusto.

JAMES

Señora...

ALBION

¿Cómo está usted?

MEGAN

(Seca) Muy bien, gracias.

THOMAS

Asumo todas las culpas Megan. Soy el único culpable, déjame que te explique, Sebastian y yo hemos ido con estos amigos a buscar el coche, han sido tan amables... Nos han ayudado a cambiar la rueda y lo hemos traído aquí de vuelta, está ahí fuera, aparcado en la plaza. No sabía como agradecérselo, así que me ha parecido oportuno invitarles a unas pintas. *(Serio)* Sinceramente, creo que era lo menos que podía hacer..., que era mi obligación hacerlo.

MEGAN

(*Cambiando el tono y el semblante*) Habéis arreglado el coche… Querido, por supuesto que sí, has hecho lo que tenías que hacer. Comportarte de otro modo hubiera sido profundamente descortés. Señores, les quedo muy agradecida…

LEWIS

No tiene importancia.

JAMES

Lo que precisen.

ALBION

¿Quieren tomar algo?

SEBASTIAN

(*A MOLLY*) Querida, creo que lo mejor es que regreséis a casa. Quizá puedan ir cenando los niños primero, nosotros terminamos las bebidas y estamos de vuelta en "Modest Manor" dentro de un momento.

MOLLY

(*Dulce*) Muy bien querido, pero por favor, no tardéis.

THOMAS

Solo terminar estas pintas…

MEGAN

Buenas noches.

MOLLY

Adiós.

ALBION, LEWIS y JAMES se despiden de MEGAN y MOLLY, que salen por la puerta.

JAMES

(Alzando la pinta) Brindo por nosotros.

ALBION, LEWIS, THOMAS, SEBASTIAN

(Alzando sus pintas) Por nosotros *(Todos apuran las pintas hasta terminarlas).*

LEWIS

En marcha. Thomas, ha sido un placer…

THOMAS

(Interrumpiéndole) Un momento, un momento, no tan de prisa Lewis. *(Mira a todos con complicidad)* Para una rápida siempre hay tiempo, ¿no?, y si no, se saca de donde lo haya, Albion, pon la última…

SEBASTIAN

Thomas, que nos la jugamos…

THOMAS

No seas gallina.

SEBASTIAN

¿Gallina yo?, eso nunca. Albion pon la ronda, pero ni hablar de la última. No, de ninguna manera, da mala suerte, ¡que sea la penúltima!

THOMAS

Muy bien, que sea la penúltima.

ALBION sirve las cervezas.

LEWIS

No las llevo por cuenta, y quizá debería hacerlo, pero es posible, diría que es incluso probable, que ya sean muchas las rondas y las cervezas. *(Señalando el reloj, encima de la chimenea)* Se está haciendo algo tarde y yo tengo que regresar a la granja.

THOMAS

¿Dónde has dejado el coche?

LEWIS

(Dándose una palmada en las piernas) Aquí, estas son mi coche.

JAMES

Lewis nunca ha querido conducir.

THOMAS

Si es por eso no te preocupes; ningún problema, cuando nos vayamos te acerco a la granja en un momento.

LEWIS

Ah bueno, pues muy bien. Siendo así, se me acaba de quitar la prisa.

THOMAS

Albion, si no lo he entendido mal, antes has dicho que por aquí ya no queda nada de caza.

LEWIS

Eso es lo que dice siempre, pero no hay que hacerle caso. Mírale la despensa, me apuesto lo que quieras a que no tiene menos de media docena de perdices y tres o cuatro liebres. ¡Menudo pájaro!

ALBION

No exageres…

LEWIS

¡Que yo exagero…! Venga, suéltalo aquí delante de todos, ¿qué tienes?

ALBION

(Mirando al suelo, bajando mucho la voz) Cuatro perdices y dos liebres.

LEWIS

¿Qué has dicho?, no te he oído.

ALBION

(En voz alta) Que tengo cuatro perdices y dos liebres.

LEWIS

Te das cuenta…

THOMAS

Pero, ¿en qué quedamos?, ¿hay caza o no hay caza?

ALBION

Queda algo, poco. Si se conoce el término…, el que sabe los sitios, aún se puede traer dos o tres piezas.

THOMAS

Entonces tú cazas…

LEWIS

¿Como que caza? Pero vamos a ver, ¿no has oído lo que acaba de decir? Tiene cuatro perdices y dos liebres oreándose en la despensa.

JAMES

De los presentes, Albion es el único que tiene escopeta.

LEWIS

A este pájaro nunca le falta…, ahora que siempre de "ocultis".

"ALCOHOL DOS TERCIOS"

THOMAS

(Con intención) Pues de esto tenemos que hablar más despacio.

JAMES

¿Hablar a estas horas?

THOMAS

¿Tienes prisa?

JAMES

No, la verdad es que ya no tengo ninguna prisa. *(Mirando su reloj de pulsera)* A las horas que son, igual me da volver a casa ahora mismo que pasada la media noche, voy a tener el mismo recibimiento *(Se ríen todos)*.

ALBION

Hablar, ¿hablar de qué?

THOMAS

(Guarda silencio un momento y luego dice con énfasis)
De salir ahora mismo, los cinco que estamos aquí,
con tu escopeta, a dar una vuelta por el campo.

LEWIS

¿Para qué?

THOMAS

¿Para qué va a ser? Pues para ver si dentro de un
rato, cuando volvamos, venimos con tres liebres, o
somos capaces de volver con más de tres.

SEBASTIAN

Thomas, eso es una insensatez. Me parece que ya
hemos bebido demasiado. Vámonos a casa, Molly
y Megan nos esperan para cenar.

JAMES

Eso mismo creo yo.

LEWIS

Por el contrario, yo de beber no opino.

THOMAS

Y tú, Albion, ¿qué dices?, ¿nos vamos a casa o salimos a dar esa vuelta?

*Los dos parroquianos de la mesa redonda se levantan y
salen del bar.*

PARROQUIANO 1

Buenas noches, señores.

PARROQUIANO 2

Queden con Dios.

LEWIS

Buenas noches.

JAMES

Hasta mañana.

SEBASTIAN

Adiós.

ALBION

(Pensativo) Creo que Sebastian tiene razón. Deberíamos irnos a casa. Es tarde.

THOMAS

Una vuelta, pero hombre, por favor, si no tardamos más de media hora. Todo lo más, una hora.

SEBASTIAN

Thomas, no insistas. Vámonos a casa.

THOMAS

Por Dios, ¡pero qué os pasa! Vamos en mi coche, lo conduce Sebastian que conoce muy bien los caminos. El coche tiene una ventana arriba en el techo, el que lleve la escopeta puede ir de pié en el asiento de delante, con el torso fuera. Si hace mucho frío nos turnamos. Que sale alguna liebre, la deslumbran los faros, se queda quieta, un blanco perfecto. Pum, pum, dos tiros y al saco.

ALBION

Eso estaría muy bien, pero no puede ser. Está prohibido cazar de noche, y además es tiempo de veda.

LEWIS

(Malicioso) Y si es veda, ¿de donde has sacado todo lo que tienes en la despensa?

ALBION

(Enfadado) De donde a ti no te importa.

LEWIS

¡Insurrecto!

ALBION

¡Ya empezamos otra vez!

THOMAS

¿Quién se va a enterar? El campo está despoblado. No hay casas, no hay nadie, no nos verá nadie.

ALBION

Hay patrullas de la policía haciendo rondas por aquí todas las noches. Vienen de Preston. Además… *(misterioso)* hay otras razones.

THOMAS

Me parece que lo que no hay… es lo que tenía que haber.

ALBION

No sabes de lo que hablas. No es conveniente salir de noche al páramo. Hay cosas, cosas que es mejor no ver…, ni que te vean.

THOMAS

Cosas, ¿qué cosas? Mucho miedo es lo que hay en el páramo.

ALBION

(En voz baja) ¿Has oído hablar del perro de los Baskerville?

THOMAS

Naturalmente. ¿Quién no? Todo el mundo ha oído hablar de Sherlock Holmes y del perro de los Baskerville. Leí la novela de joven, y hace ya algún tiempo, en Londres, un día que quedamos a almorzar en mi club, Sebastian me contó la historia con todo detalle.

LEWIS

¿Qué historia?

THOMAS

La del autor, Conan Doyle, que fue alumno del colegio de los Jesuitas, aquí al lado, y que se inspiró en esta zona para escribir su novela.

JAMES

Es verdad, precisamente una de las atracciones del museo del colegio es un pupitre de la época, en el que el joven Arthur Conan Doyle grabó su nombre con un cortaplumas. Lo enseñan a todos los visitantes.

THOMAS

(Asintiendo) También me dijo que todavía hoy hay gente que se cree esa patraña, y aseguran *(riéndose)* que el perro de los Baskerville es una especie de alma canina en pena, que vaga por el páramo durante la noche, dispuesto a segar a dentelladas la vida de los insensatos que se atrevan a internarse en sus dominios. He de decir que no le creí, pero por lo que veo es verdad, hay gente que se lo cree.

ALBION

Pues quien se crea eso, está equivocado.

THOMAS

¿Lo veis?

ALBION

Lo del perro es mentira, un cuento chino. No hay ningún perro en el páramo.

THOMAS

¡Pues claro que no! Cualquiera que estuviera en su sano juicio lo sabría. Oís lo que dice Albion, lo del perro de los Baskerville es una patraña, un cuento para asustar a los niños, y a las amas de cría, si es que aún existen amas de cría. Un perro fantasma, sobrenatural… ¡menuda estupidez! Los fantasmas no existen, y menos aún los perros fantasma.

ALBION

Así es.

THOMAS

Razón de más para salir.

ALBION

No tan de prisa, Thomas. Aquí, en estos páramos, no hay ningún perro, pero… hay cosas aún peores.

SEBASTIAN

Albion por Dios, deja de decir sandeces. Me parece que tú también has bebido demasiado. Creo que todos hemos bebido demasiado. Vámonos a casa.

ALBION

Sebastian, aunque seas de aquí, llevas mucho tiempo viviendo en Londres. Me parece que no conoces lo que de verdad pasa por el norte del país.

THOMAS

(Burlón) Nos quieres contar de una vez los peligros que nos aguardan, acechantes, por los caminos del páramo.

ALBION

(Sale de la barra, muy serio, hasta donde están los demás) Veréis, había oído hablar de ello, pero no me lo creía. Al poco de comprar el *pub*, una noche, después de cerrar, salí a dar una vuelta con la escopeta. Estaba acatarrado, tenía algo de fiebre, pero hacía tiempo que no iba de caza y confieso que me apetecía mucho. *(A LEWIS)* A ti, te lo conté por

encima, pasé por delante de tu granja, crucé el río por el vado y me interné en el páramo.

LEWIS

Sí, pero no me dijiste a dónde ibas.

ALBION

Porque no quiero desvelar mis cazaderos.

LEWIS

Pero si yo no te hago competencia, no he cazado en mi vida.

SEBASTIAN

Nada de medias tintas. O lo cuentas todo, o no lo cuentas.

ALBION

Está bien, fui a la colina Murray, hay dos árboles solitarios antes de llegar, dos robles, ¿sabes donde están?

LEWIS

Sí.

ALBION

Ahí tengo matadas yo muchas liebres.

LEWIS

Lo sabía.

THOMAS

(Interesado) ¿Qué pasó?

ALBION

El cielo estaba completamente despejado, ni una sola nube y luna llena. Se veía casi como si fuera de día. Me frotaba las manos, en un par de horas mataría liebres para hartarme de comer carne durante los próximos meses... *(Se calla, pensativo)*.

JAMES

¿Cuántas te trajiste?

ALBION

Ninguna.

SEBASTIAN

¿Y eso?

ALBION

A los cinco minutos escasos de estar en la espera, oculto tras el tronco de uno de los robles, no sé de donde saldría, pienso que del suelo, porque no la vi llegar, pero de repente se levantó una niebla espesa que ocultó la luna y el resto del mundo. Maldecía mi suerte, no veía más allá de mis narices, allí ni caza ni nada. Con la humedad me entró una tiritona...

LEWIS

(Interrumpiéndole) Solo se te puede ocurrir a ti, salir al campo solo, de noche, y estando malo.

ALBION

(Sin hacerle caso) Me senté en el suelo recostado en el tronco del árbol, en el zurrón llevaba un termo

de te caliente con brandy. Bebí un trago largo, me alivió, bebí otro buen trago, me calentó el estómago y al poco rato comencé a sentirme mejor. Pensé que era hora de irse a casa, la niebla parecía espesarse cada vez más y no tenía ningún sentido permanecer allí. Entonces apareció.

THOMAS

Sigue...

ALBION

Primero oí algo, pisadas de un animal sobre la hierba empapada del páramo, por el ruido que hacía debía ser un animal grande, una vaca, un ternero o un venado. Luego pude entrever un bulto que avanzaba hacia donde yo estaba. Preparé la escopeta por si acaso, dispuesto a defenderme.

SEBASTIAN

Abrevia.

ALBION

Se acercaba, lo que fuera venia directo hacia mí. Estaba a pocos metros, casi podía olerlo. Desde el suelo apunté al bulto, disparé la escopeta, los dos tiros, pun, pun, pero no le di.

JAMES

Tú qué sabes...

ALBION

(*Respondiendo por primera vez desde que comenzó el relato*) Lo se muy bien, no escuché ningún ruido del animal, o lo que fuera. Los tiros se perdieron, limpios.

THOMAS

¿Qué hiciste?

ALBION

Traté de cargar de nuevo la escopeta, y en ese preciso instante la vi. Estaba frente a mí, me olisqueaba.

THOMAS

¿Qué era? ¿Quieres explicarte de una puñetera vez?

ALBION

Si dejarais de interrumpirme cada dos palabras, podría explicarme.

THOMAS

Tiene razón. Chitón todo el mundo.

ALBION

Era una liebre grande, inmensa.
Murmullos de incredulidad de todos.

JAMES

¿Inmensa?

ALBION

Del tamaño de una oveja, no, de un carnero grande. Tenía el hocico pegado a mi cara y las orejas echadas hacia atrás, casi paralelas a la espalda. No se asustó de mi presencia, parecía que me miraba con curiosidad, me olisqueaba. Se irguió sobre sus patas traseras, era muy alta, por lo menos tan alta como tú James.

LEWIS

Pájaro. Me contaste que habías visto una liebre muy grande, no que era un monstruo.

ALBION

(A LEWIS) Porque no era una cosa de contar. *(Al resto)* En cuanto vi al bicho me levanté de golpe como un resorte, ahí me iba a quedar yo, con tan mala suerte que me golpeé la cabeza con una rama bajera del roble. Me hice una herida en el cogote *(se palpa la cabeza con una mano)*, una buena brecha, y perdí el conocimiento. Debí quedar tendido en el suelo a disposición del monstruo leporino. Me desperté casi dos horas más tarde. La cabeza me ardía y tenía el chaquetón manchado de sangre. Me asusté mucho, me incorporé con mucho cuidado, cuando vi que la herida de la cabeza ya no sangraba, comencé a tranquilizarme.

THOMAS

Albion, tú eres consciente de lo que estás diciendo.

ALBION

Plenamente. Por eso hasta hoy, nunca se lo había contado a nadie. Bueno, algo le conté a Lewis, pero me prometió que de el no salía.

SEBASTIAN

(A LEWIS, con intención) ¿Habrás mantenido tu promesa?

LEWIS

(Confuso) Yo…, sí, claro que sí.

SEBASTIAN

(Irónico) Entonces, ¿cómo habrá podido enterarse Molly?

LEWIS

Yo…

ALBION

(Molesto, a LEWIS) Vocinglero, lenguaraz.

SEBASTIAN

Molly se rió mucho cuando lo supo. *(Pensativo)* Aunque quizá fuera una risa histérica…

JAMES

¿Pasó algo más?

ALBION

Sí, todo el tiempo que estuve en el suelo sin conocimiento… Era algo muy extraño…

SEBASTIAN

(Escéptico) Más que la liebre…

ALBION

Más aún. Oía y podía ver, pero no hablar ni moverme. A ver como os lo explico, veía la escena como si estuviera fuera de ella, como si yo no fuera parte de la misma. Veía a la gran liebre de pié sobre sus dos patas, cerca de mi cuerpo tendido en el suelo, se agachaba a olisquearme, con sus grandes dientes y sus garras cerca de mi cuello. Temí por mi vida.

SEBASTIAN

Por Dios, ya está bien de estupideces…

ALBION

Déjame terminar. Me hablaba…

THOMAS

¿La liebre?

ALBION

La gran liebre. Me hizo saber que era la gran liebre, la protectora nocturna de todas las liebres. Que esta vez me perdonaba la vida, pero si alguna otra vez se me ocurría salir a cazar de noche, con sus dientes y sus zarpas, me la arrancaría del cuerpo. *(Mirando al resto)* Eso es todo amigos, todo lo que me ocurrió. Nunca más he salido de caza de noche, ni lo pienso hacer. Ahora voy al amanecer, cuando sale el sol espero por lo menos quince minutos antes de disparar el primer tiro. ¡Cualquiera se atreve!, la gran liebre ronda…

THOMAS

No estoy seguro si estas hablando de la gran liebre o del Leviatán.

ALBION

(Sin inmutarse) De la gran liebre. Me perdonó la vida, me tuvo a su entera disposición, indefenso, pudo haberme matado y no lo hizo.

LEWIS

¿Qué es el Leviatán?

SEBASTIAN

Es un monstruo marino citado en varios pasajes de la Biblia, y además el título de un libro de Thomas Hobbes, el filósofo, otro día te lo explico.

Embarazoso silencio de todos los presentes, se miran unos a otros, al suelo...

ALBION

No me creéis.

JAMES

Perdóname Albion, pero sinceramente, me resulta imposible. La historia no tiene ni pies ni cabeza, el menor de los sentidos...

SEBASTIAN

Sin embargo, yo estoy seguro que viste y oíste lo que nos has contado, y que no nos engañas. Es más, creo que el único engañado eres tú.

ALBION

(Arisco) ¿Qué quieres decir?

SEBASTIAN

Que no pasó nada de lo que has dicho... más que en tu imaginación. Para mí, como médico, está muy claro, estabas enfermo, tenías fiebre. Entre la niebla viste algo, pudo ser cualquier cosa, incluso no ser nada, pero te asustó. Te incorporaste de sopetón, te golpeaste en la cabeza con la rama del roble y perdiste el conocimiento, hacía frío y estuviste tendido en el suelo casi dos horas, te despertaste empapado y tiritando. Los hechos hablan por sí solos, el diagnóstico está meridianamente claro, tan claro que no se precisa ser un especialista ni es necesario consultar con el doctor Watson, ¡la fiebre te hizo delirar!

LEWIS

¿Quién es el doctor Watson?, no lo conozco.

SEBASTIAN

El ayudante de Sherlock Holmes, ¿qué otra persona podía ser?

ALBION

(Muy excitado) Entonces tú crees que todo lo que vi, que todo lo que escuché, no ocurrió de verdad, que me lo imaginé.

SEBASTIAN

No he dicho que te lo imaginaras, lo que he dicho es que fue producto de la fiebre. En términos médicos lo que te ocurrió se llama delirio, la fiebre te hace ver y escuchar cosas que no ocurren en la realidad, que solo han sucedido en el interior de tu mente, alterada por la enfermedad.

ALBION

(Pensativo) ¡Ojala fuera verdad lo que dices! Nadie puede querer más que yo que tengas razón. La gran liebre me ha tenido atemorizado todos estos años. Verla, solo la he visto esa vez, ese día, si es que ese día de verdad la vi, pero por las noches,

en sueños…, no se cuantas pesadillas podré haber tenido…

SEBASTIAN

Albion, escúchame, tienes que convencerte. La gran liebre, sencillamente no existe. No hay ninguna gran liebre.

ALBION

(Continúa como si no hubiera oído a SEBASTIAN) Y en el campo, en cuanto comenzaba a oscurecer tenía que irme. Cualquier ruido me hacía volver la cabeza, muerto de miedo a ver si me la iba a encontrar.

THOMAS

Sebastian tiene razón. La gran liebre no existe, y si quieres, yo puedo demostrarlo.

ALBION

(Interesado) Claro que quiero, ¿cómo?

THOMAS

Verás, no se puede probar un hecho negativo. Técnicamente es imposible, eso es la "probatio diabolica" de la que ya trataban los clásicos.

ALBION

¿La probatio qué?

THOMAS

Quiero decir que no puedo probar que la gran liebre no existe, porque no se puede probar un hecho negativo. Lo que se puede probar es el hecho positivo opuesto, que esta noche, ni ninguna otra, la vas a ver, y que nunca más te va a volver a molestar. Y eso, porque no existe.

ALBION

¿Cómo lo probarás?

THOMAS

Pues haciendo lo que antes te había propuesto. Saliendo al campo con estos señores y con tu escopeta, en mi Range Rover, a ver si se nos dan bien los tiros y nos traemos unas cuantas liebres, de las pequeñas. Verás como por mucho que la busquemos, la gran liebre no aparece.

SEBASTIAN

La idea no es mala. El caso es que le sirva a Albion.

THOMAS

¿Qué dices Albion?, ¿te animas?

ALBION

No sé…

LEWIS

Piensa que en otra mejor no te vas a ver. Somos cinco, llevamos escopeta y vamos en un coche…

JAMES

Venga, es tu oportunidad.

ALBION

Muy bien, me habéis convencido. Voy a buscar la escopeta al piso de arriba. Lewis, en lo que vuelvo vete poniendo otra ronda, invito yo, pero no más cerveza, que ya llevamos bastantes. Fuera hace frío y nos vendrá bien un poco de calor. Coge la botella de "Bell's" y sirve cinco whiskys. Cinco, bien servidos, y sin hielo, ¿eh? *(Sale).*

LEWIS

(Entrando en la barra) Ahora mismo, cinco whiskys bien servidos de la botella de "Bell's".

JAMES

(Saliendo) Aprovecho para una visita al servicio...

SEBASTIAN

(A THOMAS) No sé si has forzado la máquina más de la cuenta.

THOMAS

(Cogiendo un vaso de whisky y dándole un sorbo) Será divertido, un bonito fin de fiesta, y si de verdad le sirve a Albion para superar sus miedos, además habremos hecho una buena obra.

Entra ALBION con la escopeta, dos cajas de cartuchos y un zurrón de cuero marrón, que deja sobre la mesa redonda.

ALBION

Aquí está la artillería. ¿Dispuestos?

THOMAS, SEBASTIAN, LEWIS Y JAMES

(Este último entrando de vuelta del servicio) Dispuestos.

ALBION

Coged un whisky *(Coge cada uno un vaso)*. ¡Por la gran liebre!

THOMAS, SEBASTIAN, LEWIS Y JAMES

¡Por la gran liebre!

Apuran los vasos de un trago y los dejan en la barra junto con la botella de "Bell's", cogen la escopeta, los cartuchos, el zurrón, se ponen los abrigos y se disponen a salir a la calle.

THOMAS

¡Que se vaya preparando!

Albion sale el último, antes apaga la luz y el pub queda sumido en la oscuridad, a salvo del rescoldo de la chimenea y de la iluminación de la calle que entra por las ventanas.

TELÓN

ACTO TERCERO

Interior de "Las tres liebres dobles". Luces apagadas, mismas condiciones lumínicas que al final del segundo acto: la que entra por las ventanas y la que produce el rescoldo de la chimenea.

JAMES, LEWIS, THOMAS, SEBASTIAN y ALBION entran desde la calle. ALBION enciende la luz del pub, abre la escopeta, verifica que está descargada, y la deja abierta sobre la mesa rectangular, en la parte de la misma más cercana a la puerta de entrada y al proscenio, junto con una caja de cartuchos. El reloj de encima de la chimenea marca las doce y diez. Cuelgan los abrigos y los chaquetones en el perchero de la entrada, salvo THOMAS y SEBASTIAN, que los dejan sobre la mesa rectangular, apartados, detrás de la escopeta, sin ocultar esta.

Todos se dirigen a la barra del pub, donde está la botella de "Bell's", mediada, y los cinco vasos vacíos.

"ALCOHOL DOS TERCIOS"

THOMAS

Podéis decir lo que queráis, pero la mejor ha sido la última. *(Haciendo el gesto de apuntar con la escopeta)* Estaba quieta, parada en medio del camino, y justo antes de disparar ha echado a correr monte arriba.

Si he fallado el primer tiro, le he dado al segundo, y casi a ciegas.

ALBION

(Deja el zurrón sobre la barra y entra al interior de la misma) Pues a mi me ha gustado mucho más la primera. No ha parado ni un momento, ¡como saltaba!, menudos quiebros entre las retamas.

JAMES

(Frotándose las manos) No se vosotros, pero yo vengo heladito. Hay que ver el frío que hacía.

ALBION

Mucho frío, sÍ, hacía mucho frío. *(Abanicándose con una mano)* Pero queréis creer que a pesar del frío que hemos pasado, ahora mismo yo tengo calor…

SEBASTIAN

Eso tiene explicación. La sensación de calor te la produce en parte, en una pequeña parte, el haber estado de caza, y en una gran parte, las muchas pintas de cerveza que llevas, bueno que llevamos todos, y encima el whisky.

ALBION

Hablando de whisky, tendremos que acabar la botella, no merece la pena dejarla así *(sirve whisky en los cinco vasos)*.

JAMES

(Gracioso) ¡Qué le vamos a hacer! Tendremos que acabarla, no vaya a ser que se evapore…

ALBION

(Mostrando la botella vacía) Lo veis, ya está, se ha acabado.

THOMAS

Un brindis. *(Alza el vaso)* Salud. Brindo por el señor Bell, escocés de pro, benefactor de la humanidad y protector de los cazadores.

ALBION

Salud.

LEWIS

¡Por el señor Bell!

SEBASTIAN

¡Viva el señor Bell!

JAMES

Brindo por eso.
Los cinco dan un trago a sus vasos de whisky

ALBION

(Sacando otra botella de "Bell's" y poniéndola encima de la barra) Sebastian, y digo yo, ¿qué tiene que ver la caza con el sofoco?

SEBASTIAN

(Pausado) Mucho, la caza es un pasatiempo antiguo, que tiene un no se qué de atávico, que altera los biorritmos.

LEWIS

(A SEBASTIAN) Para ti estará muy claro, no me cabe duda, pero yo no he entendido ni una sola palabra.

SEBASTIAN

La caza transporta al cazador a otras épocas, lo traslada a la prehistoria. *(Riéndose)* El cazador deja de ser un hombre civilizado, *(mira con intención a LEWIS)* un granjero honesto, *(señala a ALBION)* un tabernero gruñón, *(a THOMAS)* o un pacífico oficinista y se convierte en un cavernícola que depende de la pieza cazada para la propia subsistencia y la de su tribu, carne para comer, ropa de abrigo, con los huesos de los animales se fabricaban herramientas…, y por ello le altera el pulso.

LEWIS

Ah. Dicho así, está claro.

THOMAS

(Solemne) Sebastian, yo no creo que sea un pasatiempo. Eso es una frivolidad, no puedes hablar así de la caza, la caza no es un simple entretenimiento.

JAMES

¿Ah no? Entonces, ¿qué es?

THOMAS

Mucho más que eso. La caza es un ejercicio complejo, pudiera decirse incluso que profundamente contradictorio, es a la vez un elevado arte y una pasión profunda.

ALBION

Como no te expliques un poco más…

THOMAS

Las reglas en las que se funda, el conocimiento del campo, del animal y de su entorno, la elevan a la categoría de arte. Entre el cazador y la pieza se entabla un duelo, un torneo, que se va a resolver a favor del uno o del otro dependiendo de la fuerza y de la astucia de cada cual. Desde tiempos inmemoriales el arte de la caza se ha considerado tan noble como el arte de la guerra, y tan complejo como el arte de amar. Y con los dos, el amor y la guerra, tiene muchas cosas en común.

JAMES

¿Y una pasión profunda?

THOMAS

(*Señalándose con la mano*) No hay más que vernos. ¿Hubiéramos salido esta noche al campo si no lo fuera? Con lo bien que estábamos aquí… No amigos, en modo alguno. Todos, nos guste o no, lo confesemos o no, sentimos la caza en lo más íntimo de nuestro ser, la interiorizamos, la hacemos nuestra. La caza despierta en el hombre sentimientos olvidados hace ya decenas de siglos: la incertidumbre de la espera, un torrente de adrenalina, la paciente escucha de los sonidos del animal que se acerca, la excitación del encuentro, el corazón que se acelera…

SEBASTIAN

No estoy de acuerdo con nada de lo que has dicho. A mí, ni me gusta la caza, ni he sentido nunca esas sensaciones tan pomposas de las que hablas.

ALBION

(Sirviendo una nueva ronda de whisky) Pero hombre, entonces, ¿por qué te has venido con nosotros? Sabías a qué íbamos.

SEBASTIAN

Pues mira Albion, sin ánimo de ofender a ninguno, para poner algo de orden y evitar que cometierais alguna insensatez. Beodos como cubas, salir a pegar tiros…, a matar bichos… conduciendo un coche.

JAMES

Ojito con el sobrio.

SEBASTIAN

Perdóname, James, pero yo solo conducía el coche de Thomas. No pretendía a la vez pegarle un tiro a ningún bicho.

THOMAS

(Serio) Un momento, Sebastian, un momento. Estás muy equivocado, pero que muy equivocado. La caza no solo consiste en pegar tiros a bichos como tú dices. Cazar es buscar la caza, es buscar al animal. Yo empiezo a cazar desde el preciso instante en que salgo al campo, vea o no vea caza, y desde luego con independencia que abata o no

alguna pieza. Y esto mismo es lo que decía Ortega y Gasset.

LEWIS

¿Ortega y quien?

THOMAS

Ortega y Gasset, un filósofo español.

LEWIS

(Despectivo) Un extranjero. Es que acaso no tenemos en Inglaterra gente importante que haya dicho cosas de mucha cavilación, para tener que mentar a un extranjero. Por ejemplo, "Solo puedo ofreceros sangre, sudor y lágrimas", de Sir Winston Churchill.

SEBASTIAN

Lo que dijo, exactamente fue: "No tengo nada más que ofrecer que sangre, esfuerzo, lágrimas y sudor".

ALBION

(A LEWIS) No cambies de tema. *(A SEBASTIAN)* Y tú no digas que no te gusta la caza, por lo menos las perdices, que bien te he visto yo comértelas.

JAMES

Como en los cuentos. Fueron felices y comieron perdices, ¡qué bonito!

THOMAS

(Con intención) El amigo Sebastian resulta algo falso. *(A SEBASTIAN)* Así que no te gusta la caza y sin embargo te la comes sin rechistar, ¡qué digo!,

te pones perdido cuando te la ponen en el plato. ¿Qué prefieres, la mayor o la menor?, ¿el pelo o la pluma?, ¿asada, guisada, escabechada…?

SEBASTIAN

Eso no tiene nada que ver.

THOMAS

¿Cómo que no? *(Irónico)* ¿Es que acaso el juramento hipocrático no se extiende a los animales?

SEBASTIAN

No, que yo sepa no es extensivo a los animales. Y deja ya de tomarme el pelo.

THOMAS

(Conciliador) Está bien, está bien, no te molestes Sebastian. Amigos, ahora mismo, en este preciso instante, me da igual si la caza es arte, si es pasión, si es lo que sea…

LEWIS

A mí también.

THOMAS

(Apurando su whisky) Albion, pon cinco más.

LEWIS

Me has leído el pensamiento.

ALBION

Inmediatamente.

THOMAS

Lo que me importa de la caza, de esta jornada de caza que acabamos de vivir, es que ha creado un vínculo indeleble entre nosotros. Hace unas horas no nos conocíamos, y gracias a la caza, ahora somos amigos.

ALBION

Amigos para siempre.

LEWIS

Ah la amistad. Ese profundo y noble sentimiento que sale de lo más hondo del corazón y convierte en tu hermano a un desconocido. Thomas, amigo, dame un abrazo *(se abrazan)*.

THOMAS

Ahora tenemos una responsabilidad. No podemos consentir que esto haya pasado sin más, nuestro encuentro estaba escrito en los astros mucho antes del nacimiento de cualquiera de nosotros, cuando únicamente existíamos en la conciencia del Todopoderoso. Hemos de darle una continuidad, tenemos que organizar otra. Sebastian, tú que eres nuestro nexo de unión, deberías encargarte...

SEBASTIAN

¿De llevaros a cada uno a vuestra casa sanos y salvos? No será una tarea fácil.

JAMES

Mucho cuidadito con el abstemio...

THOMAS

Aguafiestas, de organizar la próxima.

ALBION

Amigos. No, amigos solo no, amigos y camaradas, ¡somos amigos y camaradas! Sois mis camaradas, quiero llamaros camaradas, porque la camaradería es otra cosa distinta de la amistad. A un amigo se le tiene, con un camarada además se está.

LEWIS

Retiro lo de insurrecto y brindo por eso. Te daría un abrazo, pero me lo impide la barra de este *pub*, tan de madera, tan inmóvil...

JAMES

Pero ¿cómo podría ser si no?

LEWIS

Chico, qué se yo.

Los cinco levantan sus vasos y se los acaban de uno o dos tragos. ALBION los rellena, da un pequeño sorbo de su vaso y se queda escuchando.

ALBION

¡Callaros!

LEWIS

¿Qué pasa, es que te molesta nuestra conversación?

ALBION

No, que me ha parecido oír un coche.

Se quedan en silencio escuchando. Comienza a oírse el ruido de un coche que se acerca, hasta que entran por la ventana de la izquierda los destellos de las luces azules giratorias de la policía.

SEBASTIAN

(Asomándose discretamente por la ventana) La hemos fastidiado, la hemos fastidiado bien. Nos hemos caído con todo el equipo, es la policía.

ALBION

(A JAMES) Rápido, esconde la escopeta, tráela aquí, no, no hay tiempo, mejor tápala con los abrigos.
JAMES se acerca a la mesa rectangular, oculta la escopeta echándole por encima los abrigos de THOMAS y de SEBASTIAN, y vuelve a la barra. Se abre la puerta del pub y entran dos policías.

POLICÍA 1

Buenas noches.

TODOS

Buenas noches.

POLICÍA 2

Buenas noches. ¿No es algo tarde para que esté abierto el *pub*?

ALBION

¿Abierto? No..., no señor, el *pub* está cerrado al público. Esto es una fiesta particular, lamento no poder atenderles, soy Albion Mans, el dueño, y he invitado a estos amigos a..., a celebrar mi cumpleaños.

THOMAS

Así es señores agentes.

LEWIS

Estamos celebrando su cumpleaños.

ALBION

(Ofreciéndoles la botella de "Bell's") No puedo atenderles, pero sí invitarles. ¿Querrán ustedes acompañarnos?

POLICÍA 1

(Negando con la cabeza) Se lo agradecemos, pero estamos de servicio. *(Al POLICÍA 2)* Me parece a mí que estos cinco lo han celebrado bien.

POLICÍA 2

(Asintiendo con la cabeza) Pero que muy bien.

ALBION

Pues ustedes dirán qué se les ofrece. ¿En qué podemos ayudarles?

POLICÍA 2

Estamos realizando una investigación. ¿Podrían decirnos si han oído ustedes algún disparo?
Todos niegan con la cabeza.

LEWIS

¿Disparo...?

JAMES

¿Quiere usted decir de arma de fuego...?

POLICÍA 2

Sí, de arma de fuego, ¿de qué iba a ser si no?

POLICÍA 1

(Mirándolos inquisitivamente) ¿Están ustedes seguros? Se han recibido varias denuncias telefónicas en comisaría, *(bajando la voz)* pudiera ser que se tratara de cazadores furtivos.

ALBION

¿Furtivos?

SEBASTIAN

No hemos oído nada. *(Con intención)* Claro, llevamos aquí más de dos horas sin salir...

LEWIS

Dos horas..., por lo menos.

POLICÍA 1

(Mirando fijamente a LEWIS) Ustedes son de aquí.

LEWIS

Si.

POLICÍA 2

¿Son aficionados a la caza?

ALBION

Pse, algo. En el pueblo, quien más, quien menos, todo el mundo caza.

LEWIS

Eso no es verdad, yo no he cazado en mi vida.

SEBASTIAN

Ni yo.

JAMES

Yo tampoco.

ALBION

(Confuso) Bueno, pues casi todo el mundo.

LEWIS

Eso sí.

POLICÍA 1

(A ALBION y THOMAS) Entonces los únicos cazadores son ustedes dos.

ALBION

Sí, alguna vez, ya le digo, de tarde en tarde.

POLICÍA 2

¿Tendrá usted la licencia de armas en regla?

ALBION

Por supuesto que sí. Claro que no la llevo encima, pero si precisa verla puedo ir a buscarla, *(señalando)* arriba.

POLICÍA 1

En absoluto. No se moleste, no resulta necesario, *(gracioso)* para estar con unos amigos no se necesita licencia de caza, bueno... de momento *(risas de todos)*.

POLICÍA 2

(Señalando el zurrón, encima de la barra) ¿No es eso un zurrón de cazador...?

ALBION

Sí..., se lo estaba enseñando a mis amigos.

POLICÍA 1

Es de cuero, está muy bien terminado, parece hecho a mano. *(Alargando la mano)* ¿Me permite verlo?

ALBION

Yo, verá...

POLICÍA 1

(Interrumpiéndole) Me parece que esta conversación no conduce a nada. Vamos al grano, ¿ustedes sabrían indicarnos el nombre de algún vecino del pueblo que..., por así decirlo, acostumbre a salir de caza de noche?

POLICÍA 2

Aquí se conocerán todos...

LEWIS

Yo...

THOMAS

(Interrumpiéndole) Miren ustedes, señores agentes, en este pueblo todos somos gente de bien, personas honradas, respetuosas con la ley. Seguro que esos furtivos de los que hablan son forasteros.

LEWIS

Eso mismo es lo que iba yo a decirles.

POLICÍA 1

Muy bien. Comprenda que nosotros estamos cumpliendo con nuestro deber, no pretendíamos ofenderles. *(Al POLICÍA 2)* Nos vamos, tenemos que seguir buscando; si se enteran de algo, llamen a comisaría.

ALBION

Desde luego.

LEWIS

Claro que sí.

JAMES

Por supuesto, cuenten con ello.

SEBASTIAN

Así lo haremos.

POLICÍA 2

Buenas noches.

TODOS

Buenas noches.

POLICÍA 1

Y márchense pronto a casa. *(Irónico)* Me da la impresión de que han bebido demasiado.

Los dos policías salen por la puerta. ALBION, LEWIS, JAMES, THOMAS y SEBASTIAN permanecen en silencio hasta que el ruido del motor del coche se deja de oír. THOMAS se acerca a la mesa, aparta los abrigos y descubre la escopeta.

THOMAS

(Con la escopeta en la mano) Menos mal que se han ido. De buena nos hemos librado.

LEWIS

(Alzando el brazo derecho de THOMAS en señal de triunfo) Sí señor, un tío. ¡Qué sangre fría!, ¡qué valor!

ALBION

Thomas, muy bien, pero que muy bien. Deja la escopeta donde estaba y vente a tomar una copita. Ha estado a punto de coger el zurrón, aún me tiembla el pulso.

LEWIS

Sólo a ti se te puede ocurrir dejarlo a la vista, encima de la barra. ¡Insurrecto!

ALBION

Déjame en paz. ¿Quién iba a entrar?

JAMES

Por lo visto, cualquiera…

Los cinco dan un trago a su whisky. ALBION abre el zurrón y extrae las tres liebres que han cazado. Las deja sobre la barra.

"ALCOHOL TRES TERCIOS"

ALBION

(Mirándolas ensimismado) Pobres liebres…, pero en que lío habéis estado a punto de meternos.

SEBASTIAN

Verdaderamente.

THOMAS

Sin comentarios…

ALBION

Menos mal que las liebres no tienen a nadie que las proteja. ¿Os imagináis que tuvieran un protector? Si tuvieran un protector, vendría contra nosotros.

SEBASTIAN

(Gracioso) Me parece que se te está olvidando la gran liebre.

ALBION

(Pensativo) ¡La gran liebre! Es verdad, con el susto de la policía se me había olvidado por completo. ¡Eh, mucho cuidado!, hay que andarse con ojo porque tienen su protector, vaya que lo tienen. La gran liebre las protege…

SEBASTIAN

¿Pero no habíamos quedado que la gran liebre no existe?

ALBION

Es verdad, no existe, menos mal que no existe...

LEWIS

Brindo por la gran liebre.

Todos entrechocan los vasos y se los vacían en el gaznate. ALBION coloca sobre la barra una nueva botella de "Bell's"

SEBASTIAN

(A ALBION) ¿No existe?, ¿estás seguro?, porque antes, hace bien poco, lo dudabas.

ALBION

(Sirviendo whisky en los vasos) Oye, tú a ver si te aclaras. ¿Es que me quieres liar?, porque a cada rato dices una cosa distinta. Estoy completamente seguro, y es más, lo puedo demostrar.

SEBASTIAN

¿Cómo?

ALBION

"Abocándola".

SEBASTIAN

¿Y eso, qué es?

ALBION

Pues qué va a ser, llamarla.

SEBASTIAN

Quieres decir invocarla.

ALBION

Eso es, invocarla, vamos a invocarla. Y aunque la invoquemos no vendrá, porque no existe.

THOMAS

¿A quién?

ALBION

A quien va a ser. A la gran liebre.

ALBION saca dos cabos de vela, gruesos, de algún sitio tras la barra. Los coloca sobre la misma, a la derecha de las tres liebres, y los enciende.

LEWIS

¿Pero qué vas a hacer?

ALBION

Vosotros solo tenéis que repetir lo que yo diga.

JAMES

Oye tú…

ALBION

(Levantando los brazos hacia el techo, con voz profunda) Gran liebre, si estás en el páramo escucha mi llamada.

Repentinamente se apagan todas las luces y el pub queda sumido en la oscuridad, a salvo de la débil luz que proporcionan las dos velas encendidas sobre la barra, el rescoldo de la chimenea, y la que entra desde el exterior por las ventanas.

LEWIS

Albion, se ha ido la luz, nos hemos quedado a oscuras.

ALBION

Ya lo veo, mejor dicho, no veo nada.

JAMES

Yo tampoco.

SEBASTIAN

Ver, no vemos ninguno. No podemos ver ninguno, porque no hay luz.

ALBION

Digo yo que será cosa de los plomos.

JAMES

¿Lo sabes arreglar?

ALBION

Perfectamente, aunque no sé si veré.

SEBASTIAN

Te lo repito, ver, lo que se dice ver, no vemos, ni tú, ni nadie.

ALBION

En cuanto encuentre una linterna que debo tener por aquí, en algún sitio detrás de la barra, esto lo soluciono yo en un santiamén. Dejadme que la busque a tientas y en un momento cambio los plomos.

LEWIS

Como esto tenga algo que ver con la invocación, te enteras. ¡Insurrecto!

ALBION

Qué va a tener hombre, qué va a tener. No me digas que ahora te crees esas tonterías. Ah, aquí está la linterna, la encontré.

Saca una linterna que enciende y alumbra uno tras otro a la cara de THOMAS, SEBASTIAN, JAMES y LEWIS. Es una linterna tipo farol, de las que tienen una bombilla en el centro e irradian luz para todos los lados.

LEWIS

Albion, no te pierdas, los plomos…

ALBION

Ya voy, ya voy. Vosotros estaros quietos, no os mováis, a ver si me vais a romper alguna cosa.

LEWIS

Muy bien, pero date prisa.

Con la linterna en la mano para alumbrarse el camino, ALBION se dispone a salir del interior de la barra para dirigirse al cuadro de instrumentos eléctricos. Al llegar al extremo de la barra, la linterna ilumina la cara de una liebre de un tamaño similar al de una persona, que está de pié sobre sus dos patas traseras. La liebre (¡que tiene manos!) sostiene la escopeta de ALBION en las manos. Del susto está a punto de caérsele la linterna.

ALBION

(Gritando aterrorizado, mientras retrocede al interior de la barra) Es la gran liebre, la gran liebre. Era verdad, existía…

THOMAS, SEBASTIAN, JAMES y LEWIS también retroceden hacia la parte de la barra más cercana al proscenio.

LEWIS

¡La gran liebre!

THOMAS

No puede ser, pero la estoy viendo.

SEBASTIAN

Con esta luz, incluso creo que veo dos.

JAMES

Eso es que ves doble.

THOMAS

Será por lo del nombre del *pub*.

ALBION

Callaros de una vez. La gran liebre tiene mi escopeta…

LEWIS

¿Para qué va a querer una liebre tu escopeta?

La GRAN LIEBRE apunta a los cinco con la escopeta de ALBION.

GRAN LIEBRE

(Autoritaria) ¡Silencio! Al primero que se mueva le pego un tiro. Albion, deja la linterna sobre la barra, sal muy despacio, sin hacer tonterías, y ponte junto con ellos.

ALBION

Habla. Dios mío, ¡la gran liebre habla! ¡Y sabe como me llamo!

GRAN LIEBRE

(Colérica) No me has oído, sal de ahí de una vez. *(Apuntándole con la escopeta)* No quiero tener que utilizar la violencia, pero si me obligas…

ALBION

Ya voy gran liebre, ya voy *(sale de la barra y se une al resto del grupo)*.

GRAN LIEBRE

(A ALBION) Sabes quien soy…

ALBION

(Aterrorizado) Sí, la gran liebre, eres la gran liebre.

GRAN LIEBRE

(Solemne) Soy la gran liebre, en efecto. Defiendo a mis hermanas, las liebres más pequeñas, de los

cazadores sin escrúpulos, de aquellos que salen de caza furtiva, de los que cazan de noche y de los que cazan en tiempo de veda. *(Irónica)* Me ha parecido que sobre la barra de este *pub* hay tres pequeñas liebres muertas...

THOMAS

(Temblando) Gran liebre, yo te explicaré. Soy el responsable de todo...

GRAN LIEBRE

(Interrumpiéndole) ¡Cállate! ¿Me tomas por tonta? Habéis matado a mis tres pequeñas hermanas a traición, de noche, deslumbrándolas con los faros de algún coche. Y lo habéis hecho por pura diversión, sin ninguna necesidad, para pasar el rato. ¡Confesadlo!

ALBION

Nosotros no queríamos...

GRAN LIEBRE

¡Mientes!, os he oído reír, he oído como os reíais, como lo celebrabais cada vez que caía una de mis pequeñas hermanas. Una vez, y otra, y otra. Las tres liebres injustamente asesinadas claman venganza. Ojo por ojo, diente por diente. Rezad vuestras oraciones y preparaos para morir.

TODOS

(Aterrorizados, casi llorando, hablando a la vez) No, no lo hagas. Perdón. Ten piedad. No nos mates. Perdónanos.

GRAN LIEBRE

Arrodillaos ante mí y pedir perdón por vuestros crímenes. Arrastraos y suplicad por vuestra vida.

Los cinco se arrodillan ante la GRAN LIEBRE haciendo grandes aspavientos.

LEWIS

Perdónanos gran liebre.

SEBASTIAN

Sí, perdónanos.

JAMES

Nunca más lo haremos.

ALBION

Velaremos por las pequeñas liebres. Nos uniremos a algún grupo ecologista, boicotearemos todas las cacerías…

THOMAS

Instituiré una fundación con la mitad de mi fortuna para preservar la vida libre de las pequeñas liebres inglesas. Bueno, cuando herede…

GRAN LIEBRE

¿Solo de las inglesas?

THOMAS

(Rápidamente) De las liebres de todo el mundo.

Se encienden todas las luces del pub y entra MEGAN. Avanza hasta situarse junto a la GRAN LIEBRE.

MEGAN

Deberíais veros, todos arrodillados, la pinta que tenéis. ¡Que pena de máquina de fotos!

THOMAS

(Levantándose e interponiéndose entre MEGAN y la GRAN LIEBRE) Amor mío, huye, aléjate. Nuestra vida peligra, y tú tendrás que cuidar de los niños...

MEGAN

(Riéndose, lo aparta suavemente) Thomas, deja de decir tonterías.

GRAN LIEBRE

Muy bien, me habéis convencido, os perdono. Además, la escopeta estaba descargada *(la abre y la deja abierta sobre la barra)*.

ALBION

(Confuso) ¿Descargada...?

GRAN LIEBRE

Sí, descargada. Ah, y no soy la gran liebre, soy... *(se quita la cabeza del disfraz)* Molly.

SEBASTIAN

Molly... ¿cómo habéis podido?

MOLLY

¿Ocuparnos de los niños y de la cena, mientras los señores se divertían con sus amigos matando animalitos *(señalando la botella de "Bell's" en la barra)* y bebiendo hasta caerse?

ALBION

Me parece que nos han engañado.

LEWIS

Como a colegiales.

JAMES

No, como a parvulitos.

MEGAN

¡Qué vergüenza!, borrachos como cubas, haciendo tonterías. *(A THOMAS)* Richard ha vomitado la cena y el pequeño Albert se ha hecho pis en la cama.

THOMAS

Bueno, eso no es muy grave…

MEGAN

Y tu perro ha arruinado la puerta de "Modest Manor". La ha llenado de arañazos tratando de salir, cada vez que oía el ruido de un disparo.

THOMAS

Es un gran cazador.

MEGAN

(En jarras, muy enfadada) Gran cazador, sí, tan gran cazador, tan inútil y tan caradura como su dueño. Vamos a casa inmediatamente, allí ajustaremos cuentas tú y yo. *(A los demás)* Buenas noches.

THOMAS

A..., adiós... *(Se dirigen hacia la puerta, THOMAS coge el chaquetón y salen).*

MOLLY

(A SEBASTIAN) Tú detrás, y sin rechistar.

SEBASTIAN

(Con voz baja) Sí querida, ya voy.

SEBASTIAN coge su abrigo y sale con MOLLY por la puerta del pub. ALBION pone cara de circunstancias y se dirige a la barra seguido de LEWIS y de JAMES. Sirve tres whiskys de la botella de "Bell's", hacen un brindis sin cruzar palabra y se los beben de un trago.

TELÓN

ÍNDICE